AF351359

Ezra Pound

CATHAY

Traducción de Juan Arabia

神州集

Pound, Ezra

CATHAY . - 1a edición bilingüe - Ciudad Autónoma de

Buenos Aires : Buenos Aires Poetry, 2020.

130 p. ;17,78 x 25,4 cm (7" x 10")

Traducción de: Juan Arabia.

ISBN 978-987-4197-91-7

1. Poesía. I. Arabia, Juan, trad. II. Título.

CDD 813

Traducción: ©Juan Arabia

Diseño de portada e interiores: ©Camila Evia

©Editorial Buenos Aires Poetry, 2020

Colección ©Abracadabra

BUENOS AIRES POETRY

editorial@buenosairespoetry.com

www. editorialbuenosairespoetry.com

Ezra Pound

CATHAY

Traducción de Juan Arabia

神州集

ÍNDICE

(II)

CATHAY (2020)

Este libro es una traducción de traducciones. Y la enseñanza que contiene está muy por encima de recuperar sólo una *tradición*, como la de la Dinastía Tang o incluso otras más antiguas (*Libro de los cantos* 诗经 año 1000 al 600 a. C. aproximadamente).

En lo que refiere a un proyecto poético para la poesía moderna y el verso libre, este libro lo contiene todo.

Cuando Ezra Pound –junto a Hilda Doolittle, F. S. Flint y T. E. Hulme, entre muchos otros– promulgó algunas de sus propuestas poéticas bajo el nombre de "imagismo", no hacía otra cosa que escribir en detrimento de las formas tradicionales de composición, proponiendo básicamente el tratamiento directo de la "cosa", así como la ejecución rítmica bajo la secuencia de la frase musical y no con la secuencia del metrónomo o el simple conteo de sílabas.

En lo que refiere a la traducción de Pound de *Cathay* (1915), el resultado es novedoso, incluso para los poetas actuales en China.

Wang Yin 王寅 (Shanghai, China, 1962), poeta que me ha ayudado a descifrar *nuevos sentidos* de los poemas originales y revisar la traducción de Pound, así como las notas de Fenollosa, hace muy poco ha llegado a escribir sobre *Cathay*: "La mala lectura o la mala traducción pueden incluso ser parte de la extensión y crecimiento de la creación. He estado familiarizado con la poesía Tang desde que era un niño, pero luego leí la traducción de Ezra Pound y de otros, y súbitamente descubrí que la poesía Tang tenía un nuevo aspecto y producía una energía asombrosa después de que se tradujera al inglés. Si no fuera porque Ezra Pound se perdió en el laberinto del lenguaje no podría tener una nueva comprensión de la poesía Tang".

Frente al tratamiento directo y simple que estos poemas sugieren, Pound añade en su traducción dos elementos claves de la poesía moderna.

El primero, y que respalda al mandato esencial de esta tradición, es la condensación que Pound produce a partir de las notas y aclaraciones de Fenollosa. Esto podría explicarse de otra manera bajo el término *deep-image* (imagen profunda), concepto desarrollado por Tony Barnstone[1] hacia 2005 en su intento de capturar o representar una posible traducción de la poesía China, esto es, una poesía creada a partir de imágenes condensadas de naturaleza extraña y evocativa, cercana a las representaciones surrealistas, de registro casi alucinatorio.

El otro elemento que Pound introduce es la pausa versal o sangría, elemento fundamental de la versificación libre, y que por supuesto no aparece en los poemas originales, escritos muchas veces bajo formas métricas específicas.

Una de las funciones de la pausa o sangría versal es precisamente permitirle al lector compartir de una forma más íntima la experiencia que está siendo articulada, facilitando además una relación estrecha entre un verso y otro, añadiendo velocidad rítmica[2].

---

1 TONY BARNSTONE & CHUO PING (Ed.), *The Anchor Book of Chinese Poetry – From Ancient to Contemporary, The Full 2000-Year Tradition*, Anchor Books, New York, 2005.

2 DENISE LEVERTOV, *Pausa versal (Ensayos escogidos)*. Traducción de José Luis Piquero, Vaso Roto Ediciones, 2018.

Muchos poemas de *Cathay*, leídos bajo el influjo de la condensación y las pausas versales, adquieren un sentido estrictamente auditivo y musical, propio de los originales.

Además, existen otros elementos que Pound debe haber tenido en cuenta para dar cauce a todas estas decisiones.

Tal y como sugiere Wang Yin, el significado de muchas palabras en chino suele ser ambiguo. El chino, además, a menudo omite el sujeto y no hay una distinción clara entre el singular y el plural.

Uno de los poemas más importantes del libro es "The River Song" de Li Bai 李白, donde hacia su final términos como "ruiseñores" y "primavera" se hacen intercambiables.

Como se podrá apreciar, en la traducción aquí presentada se mantiene el singular debido a dos precisas anotaciones de Fenollosa, además de la correcta interpretación que Pound hace entre el singular y el plural. La primera, en lo que refiere al canto de los ruiseñores como una metáfora de la primavera: "This (fresh new spring) nightingales". La segunda, respecto a la característica misma del ruiseñor, rey de pájaros: "but the bird is the King of birds". De allí que, hablando de un todo, otorguemos por Li Bai decir: "Su voz está aquí en estos doce tubos".

Pound, que perteneció siempre al linaje de una poesía elíptica y hermética (*trobar clus*, desde la poesía provenzal), seguramente no pudo sino experimentar extrema afinidad con estos poemas: la flexibilidad única, la omisión, el espacio en blanco, la ambigüedad, la polisemia y la incertidumbre del chino son en realidad muy adecuados para la creación de poesía.

SOBRE LA EDICIÓN
(BUENOS AIRES POETRY)

Publicado por primera vez en 1915, *Cathay* contenía catorce traducciones del chino y una traducción del poema anglosajón "The Seafarer".

Fenollosa habría escrito en primer lugar una transcripción fonética (utilizando la pronunciación japonesa del chino, razón por la cual muchos de los nombres de los poetas fueron resultado de transliteraciones, como Rihaku en vez de Li Bai). Posteriormente habría realizado una traducción al inglés, carácter por carácter, y finalmente una traducción o al menos un intento de aproximación a cada verso como un todo. La publicación original, hacia 1915, incluía además los aportes y desciframientos de los profesores Mori y Ariaga.

Esta nueva traducción se basa en la edición centenaria de *Cathay* (New Directions, 2015), y reproduce la publicación original de 1915 en un solo volumen, más los poemas "Sennin Poem by Kakuhaku", "A Ballad of the Mulberry Road", "Old Idea of Choan by Rosoriu" y "To-Em-Mei's: The Unmoving Cloud", de *Lustra* (1916), junto con las transcripciones de Zhaoming Qian (transcripciones más completas y actuales, basadas en un cuidadoso examen de los cuadernos originales de Fenollosa archivados en la Biblioteca Beinecke de la Universidad de Yale).

Juan Arabia

CATHAY

神州集

SONG OF THE BOWMEN OF SHU

Here we are, picking the first fern-shoots
And saying: When shall we get back to our country?
Here we are because we have the Ken-nin for our
        foemen,
We have no comfort because of these Mongols.
We grub the soft fern-shoots,
When anyone says "Return," the others are full of
        sorrow.
Sorrowful minds, sorrow is strong, we are hungry
        and thirsty.
Our defence is not yet made sure, no one can let
        his friend return.
We grub the old fern-stalks.
We say: Will we be let to go back in October?
There is no ease in royal affairs, we have no comfort.
Our sorrow is bitter, but we would not return to our
        country.
What flower has come into blossom?

CANCIÓN DE LOS ARQUEROS DE SHU[1]

Aquí estamos, recogiendo los primeros brotes de helecho
Y diciendo: ¿Cuándo volveremos a nuestra tierra?
Aquí estamos porque tenemos a los Ke-nin de
    enemigos,
No tenemos tranquilidad por culpa de estos Mongoles.
Arrancamos los suaves brotes de helecho,
Cuando alguien dice "Volvamos", los otros se llenan de
    tristeza.
Mentes tristes, el dolor es fuerte, tenemos hambre
    y sed.
Nuestra defensa no está asegurada, nadie puede dejar que
    su amigo regrese.
Arrancamos los viejos tallos de helecho.
Decimos: ¿Nos dejarán volver en Octubre[2]?
No hay alivio en los asuntos imperiales, no tenemos tranquilidad.
Nuestro dolor es amargo, pero no queremos volver a nuestra
    tierra.
¿Cuál es la flor que se abre?

---

1 En "Transcripts of Fenollosa's Notes" leemos: "From *Book of Songs* (11th-7th centuries B.C.)" (EZRA POUND, *Cathay, The Centennial Edition*. Edited with an introduction and Transcripts of Fenollosa's notes by Zhoaming Qian, A New Directions Book, 2015, p. 65).

2 En "Transcripts of Fenollosa's Notes" leemos: "Décimo mes del año lunar chino, el último de los siete meses 'yang'" (EZRA POUND, *op. cit.*, p. 63).

Whose chariot? The General's.
Horses, his horses even, are tired. They were strong.
We have no rest, three battles a month.
By heaven, his horses are tired.
The generals are on them, the soldiers are by them
The horses are well trained, the generals have ivory
        arrows and quivers ornamented with fish-skin.
The enemy is swift, we must be careful.
When we set out, the willows were drooping with spring,
We come back in the snow,
We go slowly, we are hungry and thirsty,
Our mind is full of sorrow, who will know of our grief?

By Kutsugen. 4th Century B.C.

¿De quién es el carruaje? Esos son nuestros generales[3].

Los caballos, incluso sus caballos, están cansados. Eran fuertes.

No tenemos descanso, tres batallas al mes.

Por Dios, sus caballos están cansados.

Los generales van sobre ellos, los soldados están junto a ellos.

Los caballos están bien entrenados, los generales tienen flechas
de marfil y aljabas decoradas con piel de pescado.

El enemigo es rápido, debemos tener cuidado.

Cuando partimos, los sauces se arqueaban con la primavera.

Regresamos con la nieve,

Vamos despacio, tenemos hambre y sed,

Nuestra mente está llena de tristeza, ¿quién sabrá de nuestra pena?

Kutsugen, siglo IV a. C.

---

3 En "Transcripts of Fenollosa's Notes" leemos: "that is our generals" (EZRA POUND, *op. cit.*, p. 64).

詩經·小雅·鹿鳴之什·采薇
采薇采薇，薇亦作止。
曰歸曰歸，歲亦莫止。
靡室靡家，玁狁之故；
不遑啟居，玁狁之故。
采薇采薇，薇亦柔止。
曰歸曰歸，心亦憂止。
憂心烈烈，載饑載渴。
我戍未定，靡使歸聘。

采薇采薇，薇亦剛止。
曰歸曰歸，歲亦陽止。
王事靡盬，不遑啟處。
憂心孔疚，我行不來。

彼爾維何？維常之華。
彼路斯何？君子之車。
戎車既駕，四牡業業。
豈敢定居，一月三捷。

駕彼四牡，四牡騤騤。
君子所依，小人所腓。
四牡翼翼，象弭魚服。
豈不日戒？玁狁孔棘。

(23)

昔我往矣，楊柳依依。
今我來思，雨雪霏霏。
行道遲遲，載渴載饑。
我心傷悲，莫知我哀！

※

(Chino Original)

THE BEAUTIFUL TOILET

Blue, blue is the grass about the river
And the willows have overfilled the close garden.
And within, the mistress, in the midmost of her youth,
White, white of face, hesitates, passing the door.
Slender, she puts forth a slender hand,

And she was a courtezan in the old days,
And she has married a sot,
Who now goes drunkenly out
And leaves her too much alone.

By Mei Sheng. B.C. 140.

EL HERMOSO TOILET[1]

Azul, azul es el pasto sobre el río
Y los sauces han desbordado el jardín cercano.
Y adentro está la señora, en la primera flor de su juventud[2].
Blanca, blanca de cara, vacila pasando por la puerta.
Delgada, extiende una mano delgada,

Y ella era una cortesana en los viejos días,
Y se ha casado con un borracho,
Que ahora sale a embriagarse
Y la deja demasiado sola.

Mei Sheng, 140 a. C.

---

1 En "Transcripts of Fenollosa's Notes" leemos: "No. 2 of *Nineteen Ancient Poems* (2nd century A.D.)" (EZRA POUND, *Cathay, The Centennial Edition*. Edited with an introduction and Transcripts of Fenollosa's notes by Zhoaming Qian, A New Directions Book, 2015, p. 67).

2 En "Transcripts of Fenollosa's Notes" leemos: "in first bloom of youth" (EZRA POUND, *op. cit.*, p. 66).

古詩十九首．青青河畔草
青青河畔草，鬱鬱園中柳。
盈盈樓上女，皎皎当窗牖。
娥娥紅粉妝，纖纖出素手。
昔為倡家女，今為蕩子婦。
蕩子行不歸，空床難獨守。

(Chino Original)

THE RIVER SONG

This boat is of shato-wood, and its gunwales are cut
    magnolia,
Musicians with jewelled flutes and with pipes of gold
Fill full the sides in rows, and our wine
Is rich for a thousand cups.
We carry singing girls, drift with the drifting water,
Yet Sennin needs
A yellow stork for a charger, and all our seamen
Would follow the white gulls or ride them.
Kutsu's prose song
Hangs with the sun and moon.

∨

LA CANCIÓN DEL RÍO[1]

Este barco es de madera arrayán[2], y su borda de magnolia
    tallada[3],
Músicos con flautas enjoyadas y con pipas de oro
Ocupan los flancos en hileras, y nuestro vino
Alcanza para mil copas.
Llevamos muchachas cantando, flotando en la corriente del agua,
Sin embargo Sennin[4] necesita
Una cigüeña amarilla como corcel[5] y todos nuestros marineros
Querían seguir a las gaviotas blancas y montarlas.
La canción en prosa de Kutsu
Cuelga con el sol y la luna[6].

1 En "Transcripts of Fenollosa's Notes" leemos: "By Li Bai (701-762)" (EZRA POUND, *Cathay, The Centennial Edition*. Edited with an introduction and Transcripts of Fenollosa's notes by Zhoaming Qian, A New Directions Book, 2015, p. 74).

2 "Spicewood" (K. K. RUTHVEN, *A Guide to Ezra Pound's Personae*, University of California Press, California, 1969, p. 206).

3 En "Transcripts of Fenollosa's Notes" leemos: "with sides of mokuran" (EZRA POUND, *op. cit.* p. 68).

4 "El japonés *Sennin* del chino *hsien-jeng* (Fang): Hada del aire" (K. K. RUTHVEN, *op. cit.*, p. 206).

5 En "Transcripts of Fenollosa's Notes" leemos: "Sennin is need of a yellow stork to ride on" (EZRA POUND, *op. cit.*, p. 69).

6 En "Transcripts of Fenollosa's Notes" leemos: "handed down to posterity never changing in brightness, fame, like sun & moon" (EZRA POUND, *op. cit.*, p. 69).

King So's terraced palace
                      is now but a barren hill,
But I draw pen on this barge
Causing the five peaks to tremble,
And I have joy in these words
                      like the joy of blue islands.
(If glory could last forever
Then the waters of Han would flow northward.)

And I have moped in the Emperor's garden, awaiting
      an order-to-write!
I looked at the dragon-pond, with its willow-coloured
      water
Just reflecting the sky's tinge,
And heard the five-score nightingales aimlessly singing.

The eastern wind brings the green colour into the island
      grasses at Yei-shu,
The purple house and the crimson are full of Spring
      softness.

∨

El palacio escalonado del rey So
                              es ahora una colina desolada,
Pero yo escribo[7] en este bote
Haciendo temblar los cinco picos,
Y encuentro alegría en estas palabras
                              como la alegría de las islas azules.
(Si la gloria pudiera durar por siempre
Entonces las aguas del Han fluirían hacia el norte)[8].

¡Y yo me he sentido abatido en el jardín del Emperador, esperando
        una orden para poder escribir!
Miraba el estanque de los dragones, con sus aguas del color del
        sauce
Que reflejaba el tono del cielo,
Y escuchaba a cientos de ruiseñores cantando sin rumbo fijo[9].

El viento del este trae el color verde a los pastos de la
        isla en Yei-shu,
La casa color púrpura y la carmesí están llenas de la delicadeza de la
        primavera.

---

7 En "Transcripts of Fenollosa's Notes" leemos: "I sweep my pen, and write poems" (EZRA POUND, *op. cit.*, p. 69).

8 En las anotaciones de Fenollosa, este poema de Li Bai termina en este último verso. Sin embargo, y por causa que desconocemos, Pound optó por incluir en "The River Song" otro poema de Li Bai, titulado por Fenollosa como "appropriate spring".

9 En "Transcripts of Fenollosa's Notes" leemos: "hear new nightingale 100 warble" (EZRA POUND, *op. cit.*, p. 71).

South of the pond the willow-tips are half-blue and
      bluer,
Their cords tangle in mist, against the brocade-like
      palace.
Vine-strings a hundred feet long hang down from carved
      railings,
And high over the willows, the fine birds sing to each
      other, and listen,
Crying—"Kwan, Kuan," for the early wind, and the feel
      of it.
The wind bundles itself into a bluish cloud and wanders off.
Over a thousand gates, over a thousand doors are the sounds
      of spring singing,
And the Emperor is at Ko.
Five clouds hang aloft, bright on the purple sky,
The imperial guards come forth from the golden house with
      their armour a-gleaming.
The emperor in his jewelled car goes out to inspect his
      flowers,
He goes out to Hori, to look at the wing-flapping storks,
He returns by way of Sei rock, to hear the new nightingales,
For the gardens at Jo-run are full of new nightingales,

∨

Al sur del estanque, las puntas de los sauces son medio azules y
　　más azules,
Sus cuerdas se enredan con la niebla, contra el palacio como de
　　brocado.
Cuerdas de enredaderas de cien pies de largo caen de las barandas
　　talladas,
Y en lo alto de los sauces, hermosos pájaros cantan entre uno y otro,
　　y escuchan,
Gritando—"Kwan, Kuan," por el viento temprano y
　　su efecto[10].
El viento se amontona en una nube azulada y se aleja.
Sobre más de mil puertas, sobre más de mil puertas se escuchan los sonidos
　　del canto de la primavera,
Y el emperador está en Ko.
Cinco nubes cuelgan en lo alto, brillantes en el cielo púrpura,
Los guardias imperiales salen de la casa dorada con
　　sus relucientes armaduras.
El emperador sale en su carruaje enjoyado a inspeccionar sus
　　flores,
Va a Hori a mirar el aleteo de las cigüeñas,
Regresa por el camino de la piedra de Sei, para escuchar a los nuevos
　　　　　　　　　　　　　　　　　　|ruiseñores,
Porque los jardines de Jo-run están llenos de nuevos ruiseñores,

---

10 En "Transcripts of Fenollosa's Notes" leemos: "Then kan kan alredy resounds the emotion of the spring winds" (EZRA POUND, *op. cit.*, p. 72).

Their sound is mixed in this flute,
Their voice is in the twelve pipes here.

By Rihaku. 8th century A.D.

Su sonido se mezcla con esta flauta,
Su voz está aquí en estos doce tubos[11].

Rihaku, siglo VIII.

---

11 Se mantiene el singular debido a dos precisas anotaciones de Fenollosa. La primera, en lo que refiere al canto de los ruiseñores como una metáfora de la primavera: "This (fresh new spring) nightingales". La segunda, respecto a la característica misma del ruiseñor, rey de pájaros: "but the bird is the King of birds" (EZRA POUND, *op. cit.*, p. 74). En un recomendable ensayo, el poeta Wang Yin sugiere que "el chino a menudo omite el sujeto y no hay una distinción clara entre el singular y el plural". ("Laberinto de Idiomas en la Traducción de Poesía" | Wang Yin 王寅).

Primera parte

江上吟
木蘭之枻沙棠舟，玉簫金管坐兩頭；
美酒樽中置千斛，載妓隨波任去留。
仙人有待乘黃鶴，海客無心隨白鷗。
屈平辭賦懸日月，楚王台榭空山丘。
興酣落筆搖五嶽，詩成嘯傲凌滄州；
功名富貴若常在，漢水亦應西北流。

Segunda parte

東風已綠瀛洲草，紫殿紅樓覺春好。
池南柳色半青青，縈煙裊娜拂綺城。
垂絲百尺掛雕楹，上有好鳥相和鳴，間關早得春風情。
春風卷入碧雲去，千門萬戶皆春聲。
是時君王在鎬京，五雲垂暉耀紫清。
仗出金宮隨日轉，天回玉輦繞花行。
始向蓬萊看舞鶴，還過茝石聽新鶯。
新鶯飛繞上林苑，願入簫韶雜鳳笙。

(Chino Original)

37

***

THE RIVER-MERCHANT'S WIFE: A LETTER

While my hair was still cut straight across my forehead
I played about the front gate, pulling flowers.
You came by on bamboo stilts, playing horse,
You walked about my seat, playing with blue plums.
And we went on living in the village of Chokan:
Two small people, without dislike or suspicion.

At fourteen I married My Lord you.
I never laughed, being bashful.
Lowering my head, I looked at the wall.
Called to, a thousand times, I never looked back.

At fifteen I stopped scowling,
I desired my dust to be mingled with yours
Forever and forever, and forever.

∨

LA ESPOSA DEL MERCADER DEL RÍO: UNA CARTA[1]

Cuando todavía usaba el pelo recto a la altura de mi frente[2]
Yo jugaba cerca de la puerta de entrada, arrancando flores.
Tú llegaste sobre un palo de bambú[3], jugando a los caballos,
Caminaste cerca de mi asiento, jugando con ciruelas azules.
Y seguimos viviendo en el pueblo de Chokan:
Dos personas pequeñas, sin disgustos ni sospechas.

A los catorce años, Mi Señor, me casé contigo.
Nunca me reía, era tímida.
Bajando la cabeza, miraba la pared.
Cuando me llamaban, miles de veces, nunca me volvía hacia atrás.

A los quince años dejé de fruncir las cejas,
Deseaba que mi polvo se mezclara con el suyo
Por siempre y para siempre y por siempre[4].

---

1 En "Transcripts of Fenollosa's Notes" leemos: "By Li Bai (701-762)" (EZRA POUND, *Cathay, The Centennial Edition*. Edited with an introduction and Transcripts of Fenollosa's notes by Zhoaming Qian, A New Directions Book, 2015, p. 81).

2 En "Transcripts of Fenollosa's Notes" leemos: "my hair was at first covering my brows (child's method of wearing hair)" (EZRA POUND, *op. cit.*, p. 75).

3 En "Transcripts of Fenollosa's Notes" leemos: "A bamboo stick as toy horse" (EZRA POUND, *op. cit.*, p. 75).

4 Adición de Pound, inspirada en las líneas de Shakespeare: "To-morrow and tomorrow, and tomorrow" (*Macbeth*, V, v, 19) (K. K. RUTHVEN, *A Guide to Ezra Pound's Personae*, University of California Press, California, 1969, p. 205).

Why should I climb the look out?
At sixteen you departed,
You went into far Ku-to-Yen, by the river of swirling eddies,
And you have been gone five months.
The monkeys make sorrowful noise overhead.
You dragged your feet when you went out.
By the gate now, the moss is grown, the different mosses,
Too deep to clear them away!
The leaves fall early this autumn, in wind.
The paired butterflies are already yellow with August
Over the grass in the West garden,
They hurt me,
I grow older,
If you are coming down through the narrows of the river Kiang,
Please let me know beforehand,
And I will come out to meet you,
> As far as Cho-fu-Sa.

By Rihaku.

¿Por qué debería treparme al mirador?

A los dieciséis años partiste,

Te fuiste lejos, a Ku-to-Yen, por el río de remolinos turbulentos,

Y ya han pasado cinco meses desde que te has marchado.

Los monos lanzaban dolorosos sonidos desde las alturas[5].

Reacio, arrastrabas los pies al marcharte[6].

Ahora los musgos han crecido junto a la puerta,

¡Han crecido demasiado como para poder cortarlos!

Las hojas caen temprano este otoño, con el viento.

Las parejas de mariposas ya se ven amarillas en Agosto

Sobre la hierba en el jardín del Oeste;

Me lastiman,

Estoy envejeciendo,

Si vuelves y bajas por los estrechos pasos del río Kiang,

Por favor avísame de antemano,

Y te iré a buscar

Tan lejos como Cho-fu-Sa.

Rihaku.

---

5 En "Transcripts of Fenollosa's Notes" leemos: "Monkeys cry sorrowful above heaven", "Monkeys on the mountainous banks..." (EZRA POUND, *op. cit.*, p. 78).

6 En "Transcripts of Fenollosa's Notes" leemos: "Your footseps, made by your reluctant departure, in front of our gate" (EZRA POUND, *op. cit.*, p. 79).

長幹行

妾髮初覆額，折花門前劇。
郎騎竹馬來，繞床弄青梅。
同居長干裡，兩小無嫌猜。
十四為君婦，羞顏未嘗開。
低頭向暗壁，千喚不一回。
十五始展眉，願同塵與灰。
常存抱柱信，豈上望夫台。
十六君遠行，瞿塘灩澦堆。
五月不可觸，猿聲天上哀。
門前遲行跡，一一生綠苔。
苔深不能掃，落葉秋風早。
八月蝴蝶黃，雙飛西園草。
感此傷妾心，坐愁紅顏老。
早晚下三巴，預將書報家。
相迎不道遠，直至長風沙。

(Chino Original)

THE JEWEL STAIRS' GRIEVANCE

The jewelled steps are already quite white with dew,
It is so late that the dew soaks my gauze stockings,
And I let down the crystal curtain
And watch the moon through the clear autumn.

By Rihaku.

LA QUEJA DE LA ESCALERA ADORNADA[1]

Los escalones adornados con piedras preciosas
    |ya están demasiado blancos por el rocío,
Es tan tarde que el rocío empapa mis medias de gasa,
Y he bajado la cortina de cristal
Y observo la luna a través del claro otoño.

Rihaku.

---

1 En "Transcripts of Fenollosa's Notes" leemos: "Li Bai (701-762)" (EZRA POUND, *Cathay, The Centennial Edition*. Edited with an introduction and Transcripts of Fenollosa's notes by Zhoaming Qian, A New Directions Book, 2015, p. 82).

玉階怨
玉階生白露，夜久侵羅襪。
卻下水晶簾，玲瓏望秋月。
注解
1. 羅襪：絲織品做的襪子。
2. 卻下：還下。
3. 玲瓏句：雖下簾仍望月而待，以至不能成眠。

(Chino Original)

47

POEM BY THE BRIDGE AT TEN-SHIN

March has come to the bridge head,
Peach boughs and apricot boughs hang over a thousand gates,
At morning there are flowers to cut the heart,
And evening drives them on the eastward-flowing waters.
Petals are on the gone waters and on the going,
    And on the back-swirling eddies,
But to-days men are not the men of the old days,
Though they hang in the same way over the bridge-rail.

The sea's colour moves at the dawn
And the princes still stand in rows, about the throne,
And the moon falls over the portals of Sei-go-yo,
And clings to the walls and the gate-top.
With head-gear glittering against the cloud and sun,
The lords go forth from the court, and into far borders.

∨

POEMA JUNTO AL PUENTE EN TEN-SHIN[1]

Marzo ha llegado a la cabeza del puente,
Ramas de damasco y durazno cuelgan sobre mil puertas,
Por la mañana hay flores que pueden partirle a uno el corazón[2],
Y que por la tarde son arrastradas sobre las aguas que fluyen hacia el este.
Los pétalos están en las aguas que van y vienen,
    Y en los remolinos que los traen de regreso,
Pero los hombres de hoy no son los hombres de antaño,
Aunque se apoyen de la misma forma sobre la baranda del puente[3].

El color del mar cambia al amanecer
Y los príncipes todavía forman fila alrededor del trono,
La luna cae sobre los portales de Sei-go-yo,
Y su luz se adhiere a los muros y a los altos pórticos[4].
Con cascos que brillan ante el sol y las nubes,
Los señores salen de la corte y se dirigen a fronteras lejanas.

---

1 En "Transcripts of Fenollosa's Notes" leemos: "Li Bai (701-762)" (EZRA POUND, *Cathay, The Centennial Edition*. Edited with an introduction and Transcripts of Fenollosa's notes by Zhoaming Qian, A New Directions Book, 2015, p. 89).

2 En "Transcripts of Fenollosa's Notes" leemos: "In the morning they are unbearably beautiful flowers". Y anota "unbearably" para indicar "intense emotion" (EZRA POUND, *op. cit.*, p. 84).

3 En "Transcripts of Fenollosa's Notes" leemos: "Year after year, they wander onto the same bridge (scene does not change)" (EZRA POUND, *op. cit.*, p. 85).

4 En "Transcripts of Fenollosa's Notes" leemos: "And the lingering light is still seen on half of this storied gates" (EZRA POUND, *op. cit.*, p. 86).

They ride upon dragon-like horses,
Upon horses with head-trappings of yellow-metal,
And the streets make way for their passage.
                   Haughty their passing,
Haughty their steps as they go into great banquets,
To high halls and curious food,
To the perfumed air and girls dancing,
To clear flutes and clear singing;
To the dance of the seventy couples;
To the mad chase through the gardens.
Night and day are given over to pleasure
And they think it will last a thousand autumns,
                 Unwearying autumns.
For them the yellow dogs howl portents in vain,
And what are they compared to the lady Riokushu,
                 That was cause of hate!
Who among them is a man like Han-rei
                 Who departed alone with his mistress,
With her hair unbound, and he his own skiffs-man!

By Rihaku.

Cabalgan sobre caballos que parecen dragones,
Caballos con arreos de metal amarillo,
Y las calles se abren a su paso[5].
     Para que pasen, altivos,
Y altivo es su paso al entrar a grandes banquetes,
A nobles salones y extrañas comidas,
A ambientes perfumados y juveniles danzas,
A cristalinas melodías y canciones de flauta,
A un baile de setenta parejas;
A la loca persecución en los jardines[6].
La noche y el día son entregados al placer
Y creen que esto habrá de durar mil otoños,
    Incansables otoños.
Para ellos los perros amarillos aúllan presagios en vano,
¡Y qué son ellos comparados con la dama Riokushu,
   La causa de tanto odio!
¡Quién es un hombre como Han-rei
    Que partió solo con su amante,
De cabellos sueltos, al mástil de su propio barco[7]!

Rihaku.

---

5 En "Transcripts of Fenollosa's Notes" leemos: "The street men all stand aside" (EZRA POUND, *op. cit.*, p. 87).

6 En "Transcripts of Fenollosa's Notes" leemos: "In pairs & pairs they frolic in corners of the gardens" (EZRA POUND, *op. cit.*, p. 88).

7 En "Transcripts of Fenollosa's Notes" leemos: "…poled away his flat boat?" (EZRA POUND, *op. cit.*, p. 89).

古風其十八
天津三月時。
千門桃與李。
朝為斷腸花。
暮逐東流水。
前水復後水。
古今相續流。
新人非舊人。
年年橋上游。
雞鳴海色動。
謁帝羅公侯。
月落西上陽。
余輝半城樓。
衣冠照雲日。
朝下散皇州。
鞍馬如飛龍。
黃金絡馬頭。
行人皆辟易。
志氣橫嵩丘。
入門上高堂。
列鼎錯珍羞。
香風引趙舞。
清管隨齊謳。
七十紫鴛鴦。
雙雙戲庭幽。
行樂爭晝夜。
自言度千秋。

功成身不退。
自古多愆尤。
黃犬空嘆息。
綠珠成釁讎。
何如鴟夷子。
散髮棹扁舟。
（棹一作弄）

(Chino Original)

LAMENT OF THE FRONTIER GUARD

By the North Gate, the wind blows full of sand,
Lonely from the beginning of time until now!
Trees fall, the grass goes yellow with autumn.
I climb the towers and towers
          to watch out the barbarous land:
Desolate castle, the sky, the wide desert.
There is no wall left to this village.
Bones white with a thousand frosts,
High heaps, covered with trees and grass;
Who brought this to pass?
Who has brought the flaming imperial anger?
Who has brought the army with drums and with kettle-drums?
Barbarous kings.
A gracious spring, turned to blood-ravenous autumn,
A turmoil of wars-men, spread over the middle kingdom,

∨

LAMENTO DEL GUARDIA DE FRONTERA[1]

Por la Puerta del Norte sopla el viento lleno de arena,
¡Solitario desde el principio de los tiempos hasta ahora!
Las hojas caen de los árboles[2], el pasto se vuelve amarillo en otoño.
Escalo torres y torres
       para vigilar las tierras bárbaras:
Desolado castillo, el cielo, el vasto desierto.
No queda un muro que proteja a este pueblo[3].
Huesos blanqueados por miles de heladas,
Altos montículos, cubiertos de árboles y pasto;
¿Quién causó todo esto?
¿Quién ha traído la ardiente ira imperial?
¿Quién ha traído al ejército con tambores y timbales?
Reyes bárbaros.
Una agradable primavera[4], convertida en un hambriento otoño de sangre,
Un tumulto de guerreros, trescientos sesenta mil,

---

1 En "Transcripts of Fenollosa's Notes" leemos: "Li Bai (701-762)" (**EZRA POUND**, *Cathay, The Centennial Edition*. Edited with an introduction and Transcripts of Fenollosa's notes by Zhoaming Qian, A New Directions Book, 2015, p. 94).

2 "the trees (let) fall the leaves" (**K. K. RUTHVEN**, *A Guide to Ezra Pound's Personae*, University of California Press, California, 1969, p. 160).

3 En "Transcripts of Fenollosa's Notes" leemos: "The frontier villages have not even walls left" (**EZRA POUND**, *op. cit.*, p. 91).

4 En "Transcripts of Fenollosa's Notes" leemos: "The balmy spring..." (**EZRA POUND**, *op. cit.*, p. 92).

Three hundred and sixty thousand,
And sorrow, sorrow like rain.
Sorrow to go, and sorrow, sorrow returning,
Desolate, desolate fields,
And no children of warfare upon them,
       No longer the men for offence and defence.
Ah, how shall you know the dreary sorrow at the North Gate,
With Rihoku's name forgotten,
And we guardsmen fed to the tigers.

Rihaku

Esparcido por el Reino Central[5],
Y tristeza, tristeza como la lluvia.
Dolor a la ida, y dolor, dolor al regreso.
Desolados, desolados campos,
Y no hay hijos de la guerra en ellos,
      Ya no hay más hombres para atacar ni defender.
Ah, cómo vas a conocer la tristeza sombría en la Puerta del Norte,
Con el nombre de Rihoku[6] olvidado,
Y nosotros, los guardias, alimento para los tigres[7].

Rihaku

---

5 El término chino para China es zhongguo. El mismo puede ser traducido como el Reino Central o el Reino del Medio. Esta noción fue articulada por primera vez durante la dinastía Zhou en el primer milenio antes de Cristo. El Reino del Medio era considerado como el centro geográfico del mundo y el centro del poder mundial. Un lugar intermedio entre los cielos y las demás civilizaciones inferiores.

6 En "Transcripts of Fenollosa's Notes" leemos: "Rihoku (Li Mu) es el nombre de un general que fue enviado en siglos antiguos a pelear contra los bárbaros" (EZRA POUND, *op. cit.*, p. 93).

7 En "Transcripts of Fenollosa's Notes" leemos: "food for wolves and tigers (i.e. barbarians)" (EZRA POUND, *op. cit.*, p. 94).

古風．胡關饒風沙
胡關饒風沙，蕭索竟終古。
木落秋草黃，登高望戎虜。
荒城空大漠，邊邑無遺堵。
白骨橫千霜，嵯峨蔽榛莽。
借問誰凌虐，天驕毒威武。
赫怒我聖皇，勞師事鼙鼓。
陽和變殺氣，發卒騷中土。
三十六萬人，哀哀淚如雨。
且悲就行役，安得營農圃。
不見征戍兒，豈知關山苦。
爭鋒徒死節，秉鉞皆庸豎。
戰士死蒿萊，將軍獲圭組．
李牧今不在，邊人飼豺虎。

(Chino Original)

EXILE'S LETTER

To So-Kin of Rakuyo, ancient friend, Chancellor
     of Gen.
Now I remember that you built me a special tavern
By the south side of the bridge at Ten-Shin.
With yellow gold and white jewels, we paid for
     songs and laughter
And we were drunk for month on month,
     forgetting the kings and princes.
Intelligent men came drifting in from the sea and
     from the west border,

CARTA DEL EXILIO[1]

To So-Kin[2] de Rakuyo, viejo amigo, Canciller
     de Gen.
Ahora recuerdo que construiste para mí una taberna especial
En el lado sur del puente de Ten-Shin.
Con oro amarillo y blancas joyas comprábamos
     canciones y risas
Y nos emborrachábamos mes a mes, olvidando
     a todos los reyes y príncipes.
Hombres inteligentes llegaban desde el mar y
     desde la frontera occidental,

---

1 Como anota K. K. Ruthven en *A Guide to Ezra Pound's Personae*, Pound escogió "Exile's Letter", "The Seafarer" y "Homage to Sextus Propertius" como los mejores ejemplos de su "major personae" (K. K. RUTHVEN, *A Guide to Ezra Pound's Personae*, University of California Press, California, 1969, p. 65).

Sin duda, este poema de Rihaku (Li Bai), es el más importante de *Cathay*. Con él, Pound logra lo que J. P. Sullivan planteaba en su ensayo "The Structure of a Mask", respecto a la relación que existe entre la Tradición y el Talento Individual.

Tanto Ezra Pound como T.S. Eliot, según Sullivan, "consideran que la literatura no es una sucesión de obras de arte aisladas y autónomas, cuya génesis es oscura (…) sino más bien como el resultado de una interacción entre la tradición y el talento individual"; "Esta es una reacción contra los cánones del romanticismo" (Walter SUTTON (Ed.), "Pound's Homage to Propertius: The Structure of a Mask" de J. P. Sullivan, en *Ezra Pound, A collection of Critical Essays*, Prentice-Hall, Inc., 1963, p. 142). Algo que además planteaba Eliot en sus *Selected Essays*: "lo que sucede cuando se crea una nueva obra de arte es algo que sucede simultáneamente a todas las obras de arte que la precedieron".

2 "To" no funciona como preposición, sino que en japonés es el nombre de To So-Kin (en Chino, Tung Tsao-ch´iu) (K. K. RUTHVEN, *op. cit.*, p. 65).

And with them, and with you especially
There was nothing at cross purpose,
And they made nothing of sea-crossing or of
          mountain-crossing,
If only they could be of that fellowship,
And we all spoke out our hearts and minds, and
          without regret.
And when I was sent off to South Wei,
              smothered in laurel groves,
And you to the north of Raku-hoku,
Till we had nothing but thoughts and memories in
          common.
And then, when separation had come to its worst,
We met, and travelled into Sen-Go,
Through all the thirty-six folds of the turning and
          twisting waters,
Into a valley of the thousand bright flowers,
That was the first valley;
And into ten thousand valleys full of voices and
          pine-winds.
And with silver harness and reins of gold,
Out came the East of Kan foreman and his
          company.

∨

Y con ellos, y especialmente contigo
No había nunca un desacuerdo,
Y ellos no decían nada por cruzar el mar
        o las montañas
Con tal de formar parte de esa fraternidad,
Y todos expresábamos lo que estaba en nuestras mentes y corazones,
        sin arrepentimientos.
Y cuando me enviaron a Wei del Sur,
            donde abundan las arboledas de laureles[3],
Y a ti al norte de Raku-hoku,
Hasta que no tuvimos nada más en común, sólo recuerdos
        y pensamientos.
Y más tarde, cuando la separación se hizo mayor,
Nos encontramos, y viajamos juntos a Seng-Go,
A través de los treinta y seis pliegues de las aguas salvajes
        y retorcidas,
Hasta el valle de las mil flores brillantes,
Que fue el primer valle;
Y hasta diez mil valles llenos de voces y
        vientos de pino.
Y con arnés de plata y riendas de oro,
Salió el Jefe del Este de Kan y su
        tropa.

---

3 En "Transcripts of Fenollosa's Notes" leemos: "climbed the laurel tress (they are abundant there and there is a poem of same emotion by old king of Wainan)" (EZRA POUND, *Cathay, The Centennial Edition*. Edited with an introduction and Transcripts of Fenollosa´s notes by Zhoaming Qian, A New Directions Book, 2015, p. 96).

And there came also the 'True man' of Shi-yo to
      meet me,
Playing on a jewelled mouth-organ.
In the storied houses of San-Ko they gave us more
      Sennin music,
Many instruments, like the sound of young phoenix
      broods.
The foreman of Kan Chu, drunk, danced
      because his long sleeves wouldn't keep still
With that music playing,
And I, wrapped in brocade, went to sleep with my
      head on his lap,
And my spirit so high it was all over the heavens,
And before the end of the day we were scattered
      like stars, or rain.
I had to be off to So, far away over the waters,
You back to your river-bridge.
And your father, who was brave as a leopard,

Además salió el "Hombre Sagrado"[4] de Shi-yo
      para conocerme,
Tocando una flauta de bambú adornada con piedras preciosas[5].
En las legendarias casas de San-Ko no nos ofrecieron más que
      música Sennin[6],
Muchos instrumentos que llegaban como el sonido de camadas de
      jóvenes fénix,
Y el jefe de Kan Chu, borracho, bailaba
      porque sus largas mangas no podían quedarse quietas
Con esa música sonando,
Y yo, envuelto en brocado, me fui a dormir con la
      cabeza en su regazo,
Y tenía el espíritu tan alto que estaba por todos los cielos,
Y antes de terminar el día estábamos tan dispersos
      como la lluvia y las estrellas.
Yo tuve que irme a So, las aguas nos alejaron[7],
Y tú regresaste a tu puente sobre el río[8].
Y tu padre, que era valiente como un leopardo,

---

4 Ruthven anota: "Holy Man" (K. K. RUTHVEN, *op. cit.*, p. 66).

5 Ruthven anota: "Bamboo pipes", "Reed pipe" (K. K. RUTHVEN, *op. cit.*, p. 66).

6 "El japonés Sennin del chino hsien-jeng (Fang): Hada del aire" (K. K. RUTHVEN, *op. cit.*, p. 206).

7 En "Transcripts of Fenollosa's Notes" leemos: "I had to fly apart toward the So frontier, and mts. and waters put us far apart" (EZRA POUND, *op. cit.*, p. 100).

8 River-bridge: El puente sobre el Wei (K. K. RUTHVEN, *op. cit.*, p. 66).

Was governor in Hei Shu, and put down the barbarian
      rabble.
And one May he had you send for me,
          despite the long distance.
And what with broken wheels and so on, I won't
      say it wasn't hard going,
Over roads twisted like sheep's guts.
And I was still going, late in the year,
          in the cutting wind from the North,
And thinking how little you cared for the cost,
        and you caring enough to pay it.
And what a reception:
Red jade cups, food well set on a blue jewelled table,
And I was drunk, and had no thought of returning.
And you would walk out with me to the western
      corner of the castle,
To the dynastic temple, with water about it clear
      as blue jade,
With boats floating, and the sound of mouth-organs
      and drums,
With ripples like dragon-scales, going grass green
      on the water,

∨

Fue gobernador en Hei Shu, y aplastó a la
       muchedumbre bárbara.
Y un mes de Mayo te envió a buscarme,
       a pesar de la gran distancia.
Y con las ruedas rotas y todo eso, no fue
       fácil viajar,
Avancé sobre caminos retorcidos como las tripas de ovejas.
Y yo seguía viajando, ya a finales de año,
       contra el cortante viento del Norte,
Pensando en lo poco que te importaba el costo,
       que te preocupaba lo suficiente como para querer pagarlo.
Y qué recepción:
Copas rojas de jade, comida bien servida sobre una mesa azul enjoyada,
Y yo estaba borracho y no pensaba en el regreso.
Y tú caminaste conmigo hasta el rincón
       occidental del castillo,
Hacia el templo dinástico, con agua alrededor, clara
       como el azul de jade,
Con botes flotando, y el sonido de flautas
       de bambú y tambores,
Las pequeñas ondas se parecían a las escamas de los dragones[9],
       | que se veían verdes como el pasto
       sobre el agua,

---

9 En "Transcripts of Fenollosa's Notes" leemos: "The small ripples resembled the scales of dragons" (EZRA POUND, *op. cit.*, p. 103).

Pleasure lasting, with courtezans, going and coming
        without hindrance,
With the willow flakes falling like snow,
And the vermilioned girls getting drunk about
        sunset,
And the water, a hundred feet deep, reflecting green
        eyebrows
—Eyebrows painted green are a fine sight in young
        moonlight,
Gracefully painted—
And the girls singing back at each other,
Dancing in transparent brocade,
And the wind lifting the song, and interrupting it,
Tossing it up under the clouds.
                And all this comes to an end.
                And is not again to be met with.
I went up to the court for examination,
Tried Layu's luck, offered the Choyo song,
And got no promotion,
                and went back to the East Mountains

∨

Mientras el placer continuaba[10], con cortesanas
　　　yendo y viniendo sin preocupaciones,
Con los copos de los sauces cayendo como nieve,
Y las muchachas color bermellón emborrachándose hacia
　　　el atardecer,
Y el agua, de cien pies de profundidad, reflejando
　　　las cejas verdes
—Cejas pintadas de verde son una increíble vista a la luz de la joven
　　　luna,
Pintadas con elegancia—
Y las muchachas cantándose unas a otras,
Bailando con brocados transparentes,
Y el viento levantando la canción, e interrumpiéndola,
Lanzándola debajo de las nubes.
　　　　　Y todo esto llega a su fin.
　　　　　Y estos placeres no han de volver a suceder[11].
Yo me acerqué a la corte para que me examinaran,
Probé la suerte de Layu, ofrecí la canción de Choyo,
Y no obtuve la promoción[12],
　　　　　y volví a las Montañas del Este

---

10 En "Transcripts of Fenollosa's Notes" leemos: "At the height of pleasure" ("En el apogeo del placer") (EZRA POUND, *op. cit.*, p. 103).

11 En "Transcripts of Fenollosa's Notes" leemos: "That time of that period the plesures cannot be met again." (EZRA POUND, *op. cit.*, p. 105).

12 "Los puestos de servicio civil de alto rango fueron dados para hombres con habilidades literarias" (K. K. RUTHVEN, *op. cit.*, p. 67).

White-headed.
And once again, later, we met at the South
      bridge-head.
And then the crowd broke up, you went north to
      San palace,
And if you ask how I regret that parting:
      It is like the flowers falling at Spring's end
        Confused, whirled in a tangle.
What is the use of talking, and there is no end of
      talking,
There is no end of things in the heart.
I call in the boy,
Have him sit on his knees here
        To seal this,
And send it a thousand miles, thinking.

By Rihaku.

con mi cabello blanco[13].
Una vez más, tiempo después, nos encontramos en el puente
    del extremo Sur[14].
Y entonces la multitud se separó; tú fuiste al norte,
    al palacio de San,
Y si tú me preguntas cuánto lamento tu partida:
    Es como las flores que caen al final de la primavera
        Confundidas, dando vueltas en una maraña.
De qué sirve hablar, si las palabras no pueden
    agotarse[15],
Las cosas no tienen fin en el corazón.
Llamo a mi muchacho[16],
Lo hago sentar de rodillas
    Para sellar esto,
Y enviarlo a mil millas de aquí, pensando[17].

Rihaku.

---

13 En "Transcripts of Fenollosa's Notes" leemos: "with my head already become white" (EZRA POUND, *op. cit.*, p. 105).

14 En "Transcripts of Fenollosa's Notes" leemos: "I passed over the I bridge (again) and the Southern end" (EZRA POUND, *op. cit.*, p. 106).

15 En "Transcripts of Fenollosa's Notes" leemos: "Words cannot be exhausted" (EZRA POUND, *op. cit.*, p. 106).

16 En "Transcripts of Fenollosa's Notes" leemos: "So calling upon my son" (EZRA POUND, *op. cit.*, p. 107).

17 El final, mucho más elíptico y condensado que las transcripciones mismas de Fenollosa, persigue la misma idea del verso donde las flores caen al final de la primavera confundidas, "dando vueltas en una maraña". Pareciera ser que Li Bai recoge pensamientos y recuerdos para su viejo amigo ("send to you thousand miles far mutually think of = recollected") y los envía ("And, sending them you over 1000 miles, we think of each other in (at a) distance") (EZRA POUND, *op. cit.*, p. 107).

憶舊遊寄譙郡元參軍
憶昔洛陽董糟丘，為余天津橋南造酒樓。
黃金白璧買歌笑，一醉累月輕王侯。
海內賢豪青雲客，就中與君心莫逆。
回山轉海不作難，傾情倒意無所惜。
我向淮南攀桂枝，君留洛北愁夢思。
不忍別，還相隨。
相隨迢迢訪仙城，三十六曲水回縈。
一溪初入千花明，萬壑度盡松風聲。
銀鞍金絡倒平地，漢東太守來相迎。
紫陽之真人，邀我吹玉笙。
餐霞樓上動仙樂，嘈然宛似鸞鳳鳴。
袖長管催欲輕舉，漢中太守醉起舞。
手持錦袍覆我身，我醉橫眠枕其股。
當筵意氣淩九霄，星離雨散不終朝，分飛楚關山水遙。
余既還山尋故巢，君亦歸家渡渭橋。
君家嚴君勇貔虎，作尹並州遏戎虜。
五月相呼度太行，摧輪不道羊腸苦。
行來北涼歲月深，感君貴義輕黃金。
瓊杯綺食青玉案，使我醉飽無歸心。
時時出向城西曲，晉祠流水如碧玉。
浮舟弄水簫鼓鳴，微波龍鱗莎草綠。
興來攜妓恣經過，其若楊花似雪何。
紅妝欲醉宜斜日，百尺清潭寫翠娥。
翠娥嬋娟初月輝，美人更唱舞羅衣。
清風吹歌入空去，歌曲自繞行雲飛。
此時行樂難再遇，西遊因獻長楊賦。

北闕青雲不可期，東山白首還歸去。
渭橋南頭一遇君，酇臺之北又離群。
問余別恨知多少，落花春暮爭紛紛。
言亦不可盡，情亦不可極。
呼兒長跪緘此辭，寄君千裏遙相憶。

✳

(Chino Original)

THE SEAFARER

(From the early Anglo-Saxon text)

May I for my own self song's truth reckon,
Journey's jargon, how I in harsh days
Hardship endured oft.
Bitter breast-cares have I abided,
Known on my keel many a care's hold,
And dire sea-surge, and there I oft spent
Narrow nightwatch nigh the ship's head

EL NAVEGANTE[1]

(*A partir del texto anglosajón*)

Pueda yo contar la verdad en mi propia canción,
Jerga de viaje, y de cómo en días difíciles
Las penurias he resistido.
Amargas preocupaciones en el pecho he soportado,
Conocido en mi quilla muchos temores,
Y terribles oleajes marinos, y con frecuencia muchas veces hice
Vigilancias nocturnas cerca de la proa,

---

1 Este poema ha sido traducido muchas veces por numerosos estudiosos, poetas y otros escritores. Entre 1842 y 2000 se registraron más de 60 versiones diferentes en ocho idiomas. Entre ellas se encuentran las traducciones por Edwin Morgan (1954), Kevin Crossley-Holland (1965), Michael Alexander (1966) y John Wain (1980), entre otras. La versión de Pound, publicada por primera vez en *New Age* el 30 de noviembre de 1911 y luego en su *Ripostes* en 1912 (además de *Cathay*), sigue siendo al día de hoy la más conocida de todas.
Numerosos críticos comparten la opinión de que Pound hizo un amplio uso de una traducción formal de los versos de la versión realizada por Lola LaMotte Iddings —incluida por Cook y Tinker en su *Select Translations from Old English Poetry*—, publicado por Ginn & Co. en 1902. Algunos han llegado incluso a sugerir que la utilizó como "guía", y citan numerosos ejemplos de similitudes en la elección del vocabulario entre las dos versiones.
La traducción de Pound no está exenta de defectos. Los críticos han citado como ejemplo su traducción del término anglosajón stearn como "stern" (popa) en inglés (que significa la parte posterior o timón de un barco) cuando la palabra *stearn* etimológicamente es una variante del inglés moderno "tern" (golondrina de mar) aunque puede que se esté refiriendo a otro tipo de ave marina, quizás a una gaviota. Otro ejemplo es la traducción de Pound del término anglosajón *byrig* como "berries" (bayas) cuando el verdadero significado es "dwellings" (viviendas). También tradujo la palabra anglosajona *englum* (que significa ángeles) como "the English".
Más allá de estos errores, la traducción de Pound reproduce ingeniosamente el sonido consonántico de la poesía anglosajona. Repite su cadencia en término de acentos y el ritmo de los versos, mientras que al mismo tiempo hace uso de enlaces aliterados frecuentes, en lugar de lo que aparece en la versión anglosajona como cesura. (Al igual que toda la poesía anglosajona, la versión anglosajona comprende una serie de acentos, cuatro por línea, divididos en la mitad por una cesura que rompe la línea en dos mitades separadas).

While she tossed close to cliffs. Coldly afflicted,
My feet were by frost benumbed.
Chill its chains are; chafing sighs
Hew my heart round and hunger begot
Mere-weary mood. Lest man know not
That he on dry land loveliest liveth,
List how I, care-wretched, on ice-cold sea,
Weathered the winter, wretched outcast
Deprived of my kinsmen;
Hung with hard ice-flakes, where hail-scur flew,
There I heard naught save the harsh sea
And ice-cold wave, at whiles the swan cries,
Did for my games the gannet's clamour,
Sea-fowls' loudness was for me laughter,
The mews' singing all my mead-drink.
Storms, on the stone-cliffs beaten, fell on the stern
In icy feathers; full oft the eagle screamed
With spray on his pinion.
                Not any protector
May make merry man faring needy.
This he little believes, who aye in winsome life
Abides 'mid burghers some heavy business,

∨

Mientras la nave se lanzaba hacia los acantilados. Castigados por el frío,

Tenía los pies entumecidos por la escarcha.

Las cadenas estaban heladas; irritantes suspiros

Devastaron mi corazón y el hambre engendró

Un estado de ánimo de simple cansancio. Ningún hombre

Que vive en la hermosa tierra firme sabe

Cómo yo he sobrevivido maldito en el mar helado,

Soportado el invierno, miserable y desterrado

Privado de mis parientes;

Rodeado de duros copos de hielo, donde vuela el granizo,

No oía nada excepto el mar embravecido

Y la fría ola de hielo, mientras el cisne gritaba,

Para divertirme imitaba el clamor del alcatraz,

El ruido de las aves marinas me causaba risa,

El canto de las gaviotas[2] era toda mi hidromiel.

Tormentas, batidas en acantilados de piedras, caían sobre la popa[3]

Como plumas de hielo; a menudo el águila chillaba

Con espuma marina sobre sus alas.

Ningún protector[4]

Puede alegrar a un hombre desamparado.

Poco puede creer aquel que viviendo una vida encantadora

Permaneciendo entre los burgos y el comercio,

2 Sea mew bird.

3 Ver nota de presentación.

4 Lola LaMotte Iddings escribe en su traducción: "There none of my kinsmen / Might gladden my desolate soul" (LOLA LAMOTTE IDDINGS, *Select Translations from Old English Poetry*, Ginn & Co., 1902, p. 45).

Wealthy and wine-flushed, how I weary oft
Must bide above brine.
Neareth nightshade, snoweth from north,
Frost froze the land, hail fell on earth then
Corn of the coldest. Nathless there knocketh now
The heart's thought that I on high streams
The salt-wavy tumult traverse alone.
Moaneth alway my mind's lust
That I fare forth, that I afar hence
Seek out a foreign fastness.
For this there's no mood-lofty man over earth's midst,
Not though he be given his good, but will have in his youth greed;
Nor his deed to the daring, nor his king to the faithful
But shall have his sorrow for sea-fare
Whatever his lord will.
He hath not heart for harping, nor in ring-having
Nor winsomeness to wife, nor world's delight
Nor any whit else save the wave's slash,
Yet longing comes upon him to fare forth on the water.
Bosque taketh blossom, cometh beauty of berries,
Fields to fairness, land fares brisker,
All this admonisheth man eager of mood,
The heart turns to travel so that he then thinks

∨

Sano y enrojecido por el vino, cómo yo,

A menudo cansado, debo aguardar en el océano.

Cerca de las sombras de la noche, desde el norte nevaba,

La escarcha congelaba la tierra, y el granizo caía,

El grano más frío. Sin embargo, allí golpeaba entonces

El pensamiento del corazón de que yo, en altas corrientes,

Debía atravesar solo el tumulto de las olas saladas.

Siempre pujaba el deseo de mi espíritu

De seguir adelante, de marcharme lejos

Y encontrar un lugar ajeno[5].

Porque no existe hombre valeroso en medio de la tierra que,

Aunque haya recibido su riqueza, en su juventud no tenga avaricia;

O que no se haya atrevido a su hazaña, ni sea fiel a su rey,

Que no sienta nostalgia por el oficio del mar,

Sea cual sea la voluntad de su Señor.

No tiene corazón para tocar el arpa, ni para poseer anillos,

Ni encanto para la mujer, ni para el deleite del mundo

Ni ninguna otra cosa, salvo el choque de las olas,

Y el anhelo de navegar sobre el agua.

El bosque florece, llega la belleza de las bayas,

La hermosura a los campos, la tierra se torna más enérgica[6],

Todo esto interpela al hombre impaciente,

El corazón se vuelve hacia el viaje y piensa entonces

5 Lola LaMotte Iddings escribe en su traducción: "To seek out the home of the stranger in lands afar off" (LOLA LAMOTTE IDDINGS, *op. cit.*, p. 46).

6 Lola LaMotte Iddings escribe en su traducción: "Earth again burst into life" (LOLA LAMOTTE IDDINGS, *op. cit.*, p. 47).

On flood-ways to be far departing.
Cuckoo calleth with gloomy crying,
He singeth summerward, bodeth sorrow,
The bitter heart's blood. Burgher knows not—
He the prosperous man—what some perform
Where wandering them widest draweth.
So that but now my heart burst from my breast-lock,
My mood 'mid the mere-flood,
Over the whale's acre, would wander wide.
On earth's shelter cometh oft to me,
Eager and ready, the crying lone-flyer,
Whets for the whale-path the heart irresistibly,
O'er tracks of ocean; seeing that anyhow
My lord deems to me this dead life
On loan and on land, I believe not
That any earth-weal eternal standeth
Save there be somewhat calamitous
That, ere a man's tide go, turn it to twain.
Disease or oldness or sword-hate
Beats out the breath from doom-gripped body.
And for this, every earl whatever, for those speaking after—
Laud of the living, boasteth some last word,
That he will work ere he pass onward,
Frame on the fair earth 'gainst foes his malice,
Daring ado,...

∨

En adentrarse a los lejanos caminos del agua.
Llama el cucú con lúgubre alarido,
Canta hacia el verano, presagiando tristeza,
La amarga sangre del corazón. No sabe —
El hombre próspero — lo que algunos hacen
Cuando errantes viajan a la deriva.
Por eso, cuando mi corazón estalla en el pecho,
Mi estado de ánimo me lleva a las profundidades,
Sobre los acres de la ballena, anhelando deambular lejos.
En el refugio de la tierra hasta mí llega,
Rápido y ansioso, el canto del ave solitaria,
Despierta irresistibles impulsos por el sendero de la ballena,
Por perseguir las huellas del océano; viendo que de cualquier manera
Mi Señor me da esta vida muerta
Como préstamo en esta tierra, y no creo
Que exista un bienestar eterno
Siempre sobreviene algo calamitoso
Que, antes de que se vaya la marea de un hombre, parte esto en dos.
Enfermedad o vejez o contienda de espadas
Golpean el aliento del cuerpo, aferrado a la fatalidad.
Y por eso, un conde cualquiera hablará después —
Alabanza de los vivos — y se jactará de una última palabra,
Para que tenga efecto antes de que muera,
En esta justa tierra contra la malicia de sus enemigos,
Acto atrevido[7],...

7 "derring-do" (MICHAEL ALEXANDER, *The Poetic Achievement of Ezra Pound*, University of California Press, 1981, p. 70).

So that all men shall honour him after
And his laud beyond them remain 'mid the English,
Aye, for ever, a lasting life's-blast,
Delight mid the doughty.
                              Days little durable,
And all arrogance of earthen riches,
There come now no kings nor Caesars
Nor gold-giving lords like those gone.
Howe'er in mirth most magnified,
Whoe'er lived in life most lordliest,
Drear all this excellence, delights undurable!
Waneth the watch, but the world holdeth.
Tomb hideth trouble. The blade is laid low.
Earthly glory ageth and seareth.
No man at all going the earth's gait,
But age fares against him, his face paleth,
Grey-haired he groaneth, knows gone companions,
Lordly men are to earth o'ergiven,
Nor may he then the flesh-cover, whose life ceaseth,
Nor eat the sweet nor feel the sorry,
Nor stir hand nor think in mid heart,
And though he strew the grave with gold,
His born brothers, their buried bodies
Be an unlikely treasure hoard.

Para que todos los hombres lo honren después
Y su gloria permanezca más allá, entre los ingleses[8],
Sí, por siempre, una ráfaga de vida duradera
Un deleite entre los valientes.
                                    Los días duran poco,
Así como toda la arrogancia de las riquezas de la tierra,
No habrá entonces ni reyes ni césares
Ni señores que despilfarren oro, como los que se han ido.
Aun en la mayor alegría magnificada,
O quienquiera haya tenido la vida más señorial,
Triste es toda su excelencia, ¡efímeros placeres!
Declina la guardia, pero el mundo se mantiene.
La tumba esconde las preocupaciones. La espada ha caído.
La gloria terrenal envejece y se marchita.
Ningún hombre avanza al paso de la tierra,
Porque la edad va en su contra, su rostro palidece,
Y canoso gime, sabe que sus compañeros se han ido,
Los nobles señores son devueltos a la tierra,
No puede él conservar el manto de carne que lo cubre, cuando la vida acaba,
Ni probar lo dulce ni sentir pena,
Ni mover la mano ni pensar con el corazón,
Y aunque cubrió la tumba de sus hermanos
Con oro, sus cuerpos enterrados
Son un improbable tesoro escondido.

---

8 Ver nota de presentación.

FOUR POEMS OF DEPARTURE

Light rain is on the light dust.
The willows of the inn-yard
Will be going greener and greener,
But you, Sir, had better take wine ere your departure,
For you will have no friends about you
When you come to the gates of Go.

CUATRO POEMAS DE PARTIDA[1][*][2]

La lluvia suave está sobre el polvo suave.
Los sauces del jardín de la posada
Se volverán verdes y más verdes,
Y usted, Señor, será mejor que tome vino antes de su partida,
Porque no tendrá ningún amigo
Cuando llegue a las puertas de Go.

1 Extraídos de una selección de cuatro poemas de Rihaku y Omakitsu (Li Bai 李白： 《送友人 入蜀》《黄鹤楼 送 孟浩然 之 广陵》《送友人》 y Wang Wei 王维： 《渭城 曲》, respectivamente). Estos poemas se categorizan en conjunto en función del tema de la despedida, evocación exitosa sobre el sentido de la nostalgia y la soledad.

2 En "Transcripts of Fenollosa's Notes" leemos: "Wang Wei (699-761)" (EZRA POUND, *Cathay, The Centennial Edition*. Edited with an introduction and Transcripts of Fenollosa's notes by Zhoaming Qian, A New Directions Book, 2015, p. 108).

Separation on the River Kiang

Ko-jin goes west from Ko-kaku-ro,
The smoke-flowers are blurred over the river.
His lone sail blots the far sky.
And now I see only the river,
The long Kiang, reaching heaven.

Separación en el Río Kiang[3]

Ko-jin va hacia el oeste desde Ko-kaku-ro,
Las flores se hacen borrosas sobre el río[4].
Su vela solitaria es una mancha en el lejano cielo[5].
Y ahora sólo veo el río,
      El largo Kiang, que fluye sobre el horizonte[6].

3 En "Transcripts of Fenollosa's Notes" leemos: "Li Bai (701-762)" (EZRA POUND, *op. cit.*, p. 109).

4 En "Transcripts of Fenollosa's Notes" leemos: "In the month of March, when flowers (of blooming trees) are smoky (blurry)" (EZRA POUND, *op. cit.*, p. 109).

5 En "Transcripts of Fenollosa's Notes" leemos: "the distant shade of the solitary sail is visible at the very extreme of the blue sky" (EZRA POUND, *op. cit.*, p. 109).

6 Dado que Pound no repite la palabra en versos tan próximos ("sky", "heaven"), se utiliza la anotación original de Fenollosa: "I only see the long River flowing into the horizon" (EZRA POUND, *op. cit.*, p. 109).

Taking Leave of a Friend

Blue mountains to the north of the walls,
White river winding about them;
Here we must make separation
And go out through a thousand miles of dead grass.

Mind like a floating wide cloud.
Sunset like the parting of old acquaintances
Who bow over their clasped hands at a distance.
Our horses neigh to each other
            as we are departing.

Despedida de un Amigo[7]

Montañas azules hacia norte de las murallas[8],
Blanco río serpenteando a su alrededor;
Aquí debemos separarnos
Y atravesar mil millas de pasto muerto.

La mente como una extensa nube flotante.
El atardecer como la partida de viejos amigos
Que se inclinan en la distancia sobre sus manos unidas.
Nuestros caballos relinchan el uno al otro
        mientras partimos.

---

7 En "Transcripts of Fenollosa's Notes" leemos: "Li Bai (701-762)" (EZRA POUND, *op. cit.*, p. 111).

8 En "Transcripts of Fenollosa's Notes" leemos: "north side of the walled city" (EZRA POUND, *op. cit.*, p. 110).

Leave-taking near Shoku

"Sanso, King of Shoku, built roads"

They say the roads of Sanso are steep,
Sheer as the mountains.
The walls rise in a man's face,
Clouds grow out of the hill
       at his horse's bridle.
Sweet trees are on the paved way of the Shin,
Their trunks burst through the paving,
And freshets are bursting their ice
       in the midst of Shoku, a proud city.

Men's fates are already set,
There is no need of asking diviners.

Despedida cerca de Shoku[9]

"Sanso, Rey de Shoku, construyó caminos"

Dicen que los caminos de Sanso son empinados,
Verticales como las montañas.
Los muros se alzan en el rostro de un hombre,
Y las nubes crecen desde la colina
          ante la rienda de su caballo.
Hay perfumados[10] árboles en el empedrado camino[11] de los Shin,
Sus troncos rompen el pavimento,
Y las crecidas revientan su hielo
          en medio de Shoku, ciudad orgullosa.

Los destinos de los hombres ya están predeterminados,
No hay necesidad de preguntar a los adivinos.

---

9 En "Transcripts of Fenollosa's Notes" leemos: "Li Bai (701-762)" (EZRA POUND, *op. cit.*, p. 113).

10 En "Transcripts of Fenollosa's Notes" leemos: "Fragant trees cover Shin Dynasty" (EZRA POUND, *op. cit.*, p. 112).

11 En "Transcripts of Fenollosa's Notes" leemos: "supported paths" (EZRA POUND, *op. cit.*, p. 112).

The City of Choan

The phoenix are at play on their terrace.
The phoenix are gone, the river flows on alone.
Flowers and grass
Cover over the dark path
       where lay the dynastic house of the Go.
The bright cloths and bright caps of Shin
Are now the base of old hills.

The Three Mountains fall through the far heaven,
The isle of White Heron
      splits the two streams apart.
Now the high clouds cover the sun
And I can not see Choan afar
And I am sad.

La ciudad de Choan[12]

Los fénix están jugando en la terraza[13].
Los fénix se han ido, el río fluye solitario.
Flores y pasto
Cubren el camino oscuro
        donde estaba la dinástica casa de los Go.
Las brillantes prendas y gorros de los Shin[14]
Son ahora la base de las viejas colinas.

Las Tres Montañas caen a través del lejano cielo,
La isla de la Garza Blanca
        divide las dos corrientes.
Ahora las altas nubes cubren el sol
Y no puedo ver la ciudad de Choan[15]
Y estoy triste.

---

12 En "Transcripts of Fenollosa's Notes" leemos: "Li Bai (701-762)" (EZRA POUND, *op. cit.*, p. 115).

13 Debe leerse "terrace" en el mismo sentido que en "La Canción del Río" (El palacio escalonado... / es ahora una colina desolada).

14 En "Transcripts of Fenollosa's Notes" leemos: "Where the Shin dynasty courtiers have lived (clothes & caps)" (EZRA POUND, *op. cit.*, p. 114).

15 En "Transcripts of Fenollosa's Notes" leemos: "So Choan is invisible and makes me sad." (EZRA POUND, *op. cit.*, p. 115).

黃鶴樓送孟浩然之廣陵
故人西辭黃鶴樓，煙花三月下揚州。
孤帆遠影碧空盡，唯見長江天際流。

送友人
青山橫北郭，白水繞東城。
此地一為別，孤篷萬裡征。
浮雲游子意，落日故人情。
揮手自茲去，蕭蕭班馬鳴。

送友人入蜀
見說蠶叢路，崎嶇不易行。
山從人面起，雲傍馬頭生。
芳樹籠秦棧，春流繞蜀城。
升沉應已定，不必問君平。

登金陵鳳凰台
鳳凰台上鳳凰游，鳳去台空江自流。
吳宮花草埋幽徑，晉代衣冠成古丘。
三山半落青天外，二水中分白鷺洲。
總為浮雲能蔽日，長安不見使人愁。

(Chino Original)

SOUTH-FOLK IN COLD COUNTRY

The Dai horse neighs against the bleak wind of Etsu,
The birds of Etsu have no love for En, in the north,
Emotion is born out of habit.
Yesterday we went out of the Wild-Goose gate,
To-day from the Dragon-Pen.*
Surprised. Desert turmoil. Sea sun.
Flying snow bewilders the barbarian heaven.
Lice swarm like ants over our accoutrements.
Mind and spirit drive on the feathery banners.
Hard fight gets no reward.
Loyalty is hard to explain.
Who will be sorry for General Rishogu,
            the swift moving,
Whose white head is lost for this province?

I.e., we have been warring from one end of the empire to the other, now east, now west, on each border.

SUREÑOS EN EL PAÍS HELADO[1]

El caballo de Dai relincha contra el viento sombrío de Etsu,
Los pájaros de Etsu no sienten amor por En, en el norte,
La emoción nace del hábito.
Ayer salimos por la puerta del Ganso Salvaje,
Hoy desde la Pluma del Dragón*.
Sorprendidos. Agitación del desierto. Sol del mar.
La nieve voladora desconcierta el cielo bárbaro.
Los piojos pululan como hormigas sobre nuestras armas.
La mente y el espíritu se dirigen en pos de plumosos estandartes[2].
La dura batalla no recibe recompensa.
La lealtad es difícil de explicar.
¿Quién sentirá pena por el General Rishogu[3],
           de movimiento rápido,
Cuya canosa cabeza se perdió por esta provincia[4]?

** Es decir, hemos estado en guerra desde un extremo al otro del imperio, ahora al este, ahora al oeste, en cada frontera. (Nota Ezra Pound)*

1 En "Transcripts of Fenollosa's Notes" leemos: "Li Bai (701-762)" (EZRA POUND, *Cathay, The Centennial Edition*. Edited with an introduction and Transcripts of Fenollosa´s notes by Zhoaming Qian, A New Directions Book, 2015, p. 119).

2 En "Transcripts of Fenollosa's Notes" leemos: "Because our mind and spirit must drive upon (keep close attention to) the motion of the banners" (EZRA POUND, *op. cit.*, p. 118).

3 Para la Dinastía Kan Ri Shogun (Li Guang) fue un famoso general que luchó más de 74 batallas contra los bárbaros del norte (EZRA POUND, *op. cit.*, p. 119).

4 En "Transcripts of Fenollosa's Notes" leemos: "Whose white head was lost (died) in the three frontiers" (EZRA POUND, *op. cit.*, p. 118).

古风．代马不思越
代马不思越，越禽不恋燕。
情性有所习，土风固其然。
昔别雁门关，今戍龙庭前。
惊沙乱海日，飞雪迷胡天。
虮虱生虎鹖，心魂逐旌旃。
苦战功不赏，忠诚难可宣。
谁怜李飞将，白首没三边。

(Chino Original)

SENNIN POEM BY KAKUHAKU

The red and green kingfishers
        flash between the orchids and clover,
One bird casts its gleam on another.

Green vines hang through the high forest,
They weave a whole roof to the mountain,
The lone man sits with shut speech,
He purrs and pats the clear strings.

He throws his heart up through the sky,
He bites through the flower pistil
        and brings up a fine fountain.
The red-pine-tree god looks at him and wonders.

❧

POEMA SENNIN[1] POR KAKUHAKU[2]

Los rojos y verdes martín pescadores
        resplandecen entre las orquídeas y tréboles,
Un pájaro proyecta su destello sobre otro.

Verdes enredaderas cuelgan a través del alto bosque,
Cubriendo oscuramente toda la montaña[3],
Allí se sienta el silencioso y solitario hombre[4],
Susurra y acaricia las cuerdas claras.

Lanza su corazón a través del cielo,
Muerde el pistilo de la flor
        y se sumerge[5] en una magnífica fuente.
El rojo dios del pino lo mira y se sorprende.

---

1 "El japonés *Sennin* del chino *hsien-jeng* (Fang): Hada del aire" (K. K. RUTHVEN, *op. cit.*, p. 206).

2 En "Transcripts of Fenollosa's Notes" leemos: "Guo Pu (276-324)" (EZRA POUND, *Cathay, The Centennial Edition*. Edited with an introduction and Transcripts of Fenollosa´s notes by Zhoaming Qian, A New Directions Book, 2015, p. 120). Guo Pu, (276–324 d. C.), místico taoísta, geomántico, coleccionista de cuentos extraños, editor de textos antiguos y comentarista erudito.

3 La elección de Pound (literalmente, "entretejen un techo hacia/en la montaña"), parece menos clara que la anotación de Fenellosa: "Darkly the cover the whole mountain" (EZRA POUND, *op. cit.*, p. 120). Además, el poema original (籠蓋一山。) indica que la enredadares "cubren la/una montaña" (Wang Yin).

4 En "Transcripts of Fenollosa's Notes" leemos: "In it there is a silent and solitary man" (EZRA POUND, *op. cit.*, p. 121).

5 En "Transcripts of Fenollosa's Notes" leemos: "he dips up…" (EZRA POUND, *op. cit.*, 121).

He rides through the purple smoke to visit the sennin,
He takes "Floating Hill"* by the sleeve,
He claps his hand on the back of the great water sennin.

But you, you dam'd crowd of gnats,
Can you even tell the age of a turtle?

*Name of a sennin.

Atraviesa el humo púrpura para visitar al sennin,
Toma a "Acantilado Flotante"* de la manga,
Y le da una palmada en el hombro[6] al gran sennin del agua.

Pero tú, maldito enjambre de mosquitos,
¿Puedes incluso saber la edad de una tortuga?

Nombre de un sennin (nota de Ezra Pound).

6 En "Transcripts of Fenollosa's Notes" leemos: "pats on the shoulder..." (EZRA POUND, *op. cit.*, 122).

游仙詩 · 翡翠戲蘭苕
翡翠戲蘭苕，容色更相鮮。
綠蘿結高林，蒙籠蓋一山。
中有冥寂士，靜嘯撫清弦。
放情凌霄外，嚼蕊挹飛泉。
赤松臨上游，駕鴻乘紫煙。
左挹浮丘袖，右拍洪崖肩。
借問蜉蝣輩，寧知龜鶴年。

(Chino Original)

105

A BALLAD OF THE MULBERRY ROAD

(Fenelosa Mss., very early)

The sun rises in south-east corner of things
To look on the tall house of the Shin
For they have a daughter named Rafu,
      (pretty girl)
She made the name for herself: "Gauze Veil,"
For she feeds mulberries to silkworms,
She gets them by the south wall of the town.

With green strings she makes the warp of her basket,
She makes the shoulder-straps of her basket
      from the boughs of Katsura,
And she piles her hair up on the left side of her headpiece.

BALADA DEL CAMINO DEL ÁRBOL DE MORAS[1]

(Manuscrito, muy temprano, de Fenollosa)

El sol sale en la esquina sureste de las cosas
Para mirar la alta casa de los Shin[2]
Porque ellos tienen una hija llamada Rafu[3],
     (preciosa chica)
Que se dio el nombre a sí misma de "Velo de gasa",
Debido a que alimenta con moras a los gusanos de seda
Que recoge de la muralla sur de la ciudad.

Con cintas verdes ella prepara la urdimbre de su cesta,
Y hace las correas para los hombros
     con las ramas de Katsura,
Mientras se levanta el pelo del lado izquierdo de su corona.

---

1 Esta traducción se basa en la transcripción truncada de Fenollosa del texto original, que está escrito en el estilo de canción popular (Yuefu) 樂府. Los poemas a menudo están compuestos por individuos anónimos y típicamente reflejan las vidas de diferentes roles sociales estereotipados en la dinastía Han.
En "Transcripts of Fenollosa's Notes" leemos: *"Ballads of the Han* −2nd −1st centuries B. C." (EZRA POUND, *Cathay, The Centennial Edition*. Edited with an introduction and Transcripts of Fenollosa´s notes by Zhoaming Qian, A New Directions Book, 2015, p. 126).

2 Japonés *Shin* del Chino *Ch'in*, nombre de un Estado (K. K. RUTHVEN, *A Guide to Ezra Pound's Personae*, University of California Press, California, 1969, p. 43).

3 Japonés *Rafu* del Chino *Lo-Fu* (K. K. RUTHVEN, *op. cit.*, p. 43).

Her earrings are made of pearl,
Her underskirt is of green pattern-silk,
Her overskirt is the same silk dyed in purple,
And when men going by look on Rafu
       they set down their burdens,
They stand and twirl their moustaches.

Sus pendientes están hechos de perlas,
Su enagua es de verde seda estampada,
Su sobrefalda es de la misma seda teñida de púrpura,
Y cuando los hombres que pasan miran a Rafu
        bajan sus cargas,
Se ponen de pie y acomodan su bigote.

陌上桑（漢樂府詩）
日出東南隅，照我秦氏樓。
秦氏有好女，自名為羅敷。
羅敷喜蠶桑，采桑城南隅。
青絲為籠系，桂枝為籠鉤。
頭上倭墮髻，耳中明月珠。
緗綺為下裙，紫綺為上襦⋯

(Chino Original)

III

OLD IDEA OF CHOAN BY ROSORIU

I

The narrow streets cut into the wide highway at Choan,
Dark oxen, white horses,
      drag on the seven coaches with outriders.
The coaches are perfumed wood,
The jewelled chair is held up at the crossway,
Before the royal lodge:
      a glitter of golden saddles, awaiting the princess,
They eddy before the gate of the barons.
The canopy embroidered with dragons
      drinks in and casts back the sun.

Evening comes.
      The trappings are bordered with mist.
The hundred cords of mist are spread through
      and double the trees,
Night birds, and night women,
      spread out their sounds through the gardens.

VIEJA IDEA DE CHOAN POR ROSORIU[1]

I

Las calles estrechas cortan la amplia carretera en Choan,
Bueyes oscuros, caballos blancos,
      arrastran los siete carruajes con escoltas.
Los carruajes son de perfumada madera,
La silla enjoyada es levantada en la encrucijada,
Ante el pabellón real:
      un resplandor de monturas doradas, esperando a la princesa,
Se arremolina ante la puerta de los barones.
El dosel bordado con dragones
      embebe el sol y lo reproyecta.

Llega la noche.
      Los arreos están bordeados de niebla.
Cientos de hilos[2] de niebla se esparcen
      y duplican los árboles,
Pájaros y mujeres nocturnas
      esparcen su sonido a través de los jardines.

---

1 En "Transcripts of Fenollosa's Notes" leemos: "Lu Zhaolin (636-689)" (EZRA POUND, *Cathay, The Centennial Edition*. Edited with an introduction and Transcripts of Fenollosa's notes by Zhoaming Qian, A New Directions Book, 2015, p. 130).

2 En "Transcripts of Fenollosa's Notes" leemos: "hundred jo floating threads…" (EZRA POUND, *op. cit.*, p. 128).

II

Birds with flowery wing, hovering butterflies
      crowd over the thousand gates,
Trees that glitter like jade,
      terraces tinged with silver,
The seed of a myriad hues,
A network of arbours and passages and covered ways,
Double towers, winged roofs,
      border the network of ways:
A place of felicitous meeting.
Riu's house stands out on the sky,
      with glitter of colour
As Butei of Kan had made the high golden lotus
      to gather his dews,
Before it another house which I do not know:
How shall we know all the friends
      whom we meet on strange roadways?

II

Pájaros con alas floridas, mariposas revoloteando
        sobre las mil puertas,
Árboles que brillan como el jade,
        terrazas teñidas de plata,
La semilla de una miríada de tonalidades,
Una red de glorietas y pasajes y caminos cubiertos,
Torres dobles, tejados alados[3],
        bordean la red de los caminos:
Un lugar de feliz encuentro.
La casa de Riu se destaca sobre el cielo
        con destellos de colores
Así como Butei de Kan creó el alto loto dorado
        para recoger su rocío,
Ante esto, otra casa que no conozco:
¿Cómo reconocer a todos los amigos
        que encontramos en caminos extraños?

---

3 En "Transcripts of Fenollosa's Notes" leemos: "towers in row tiles made in form of birds" (EZRA POUND, *op. cit.*, p. 129).

長安古意
長安大道連狹斜，青牛白馬七香車。
玉輦縱橫過主第，金鞭絡繹向侯家。
龍銜寶蓋承朝日，鳳吐流蘇帶晚霞。
百尺游絲爭繞樹，一群嬌鳥共啼花。
游蜂戲蝶千門側，碧樹銀台萬種色。
復道交窗作合歡，雙闕連甍垂鳳翼。
梁家畫閣中天起，漢帝金莖雲外直。
樓前相望不相知，陌上相逢詎相識？⋯

(Chino Original)

✻

TO-EM-MEI'S "THE UNMOVING CLOUD"

"Wet spring time," says To-em-mei,
"Wet spring in the garden."

"LA NUBE INMÓVIL" DE TO-EM-MEI[1]

"Tiempo húmedo de primavera," dice To-Em-Mei,
"Primavera húmeda en el jardín."

---

1 Tao Qian 陶潜 (C. 365-427), además conocido como Tao Yuanming, es famoso por sus notables poemas que celebran el regreso a la naturaleza y el amor epicúreo por el vino. Vivió durante el período políticamente inestable de las Seis Dinastías (220-589), y su trabajo expresa la ansiedad y el cansancio de esa época. Ocupó una sucesión de puestos oficiales, trabajando como asesor militar, pero no estaba satisfecho con esta vida y se retiró al campo, donde vivió como agricultor. Sus obras reflejan este modelo de vida: es conocido principalmente como un poeta de la naturaleza, el primer gran poeta paisajista de China, que contrasta la pureza y la simplicidad de la naturaleza con el mundo "polvoriento" de la corte y el mercado: "Después de tantos años como una bestia enjaulada / he vuelto a la tierra". Mientras que innumerables poetas posteriores (principalmente Wang Wei) hacen eco de sus líneas cuando escriben sobre la vida en el campo, Tao Qian no fue apreciado en su propio tiempo. El modo de poesía dominante en su época era florido y artificial. Sin embargo, los grandes poetas de las dinastías Tang y Song llegaron a atesorar la poesía de Tao por su sencillez medida, su falta de adornos y el uso consciente de palabras comunes. Aproximadamente 130 de sus poemas sobreviven.

I

The clouds have gathered and gathered,
          and the rain falls and falls,
The eight ply of the heavens
          are all folded one darkness,
And the wide flat road stretches out.
I stop in my room towards the East, quiet, quiet,
I pat my new cask of wine.
My friends are estranged, or far distant,
I bow my head and stand still.

（121）

I

Las nubes se han juntado y juntado,
      y la lluvia golpea y golpea[2],
Las ocho capas de los cielos[3]
      se han plegado en una sola oscuridad.
Y el amplio y llano camino se extiende.
Me detengo en mi cuarto hacia el Este, tranquilo, tranquilo,
Doy unas palmadas a mi nuevo barril de vino.
Mis amigos se han distanciado, o se encuentran lejos,
Agacho la cabeza y me quedo inmóvil.

---

2 En "Transcripts of Fenollosa's Notes", con menos literaridad que la traducción de Pound ("falls and falls"), leemos: "and the intermittent showers patter & patter" (EZRA POUND, *Cathay, The Centennial Edition*. Edited with an introduction and Transcripts of Fenollosa´s notes by Zhoaming Qian, A New Directions Book, 2015, p. 131).

3 En "Transcripts of Fenollosa's Notes" leemos "The earth in all directions is equally dark" (Ezra POUND, *op. cit.*, p. 131).

II

Rain, rain, and the clouds have gathered,
The eight ply of the heavens are darkness,
The flat land is turned into river.
       "Wine, wine, here is wine!"
I drink by my eastern window.
I think of talking and man,
And no boat, no carriage approaches.

II

Lluvia, lluvia, y las nubes se han juntado,
Las ocho capas de los cielos son tinieblas,
Y la tierra plana se ha convertido en río.
            "¡Vino, vino, el vino está aquí!"
Bebo junto a mi ventana del este.
Pienso en palabras[4], pienso en el hombre,
Y no llega ningún barco o carruaje.

4 En "Transcripts of Fenollosa's Notes" leemos: "Longing for words, I think of man" (Ezra POUND, *op. cit.*, p. 133).

III

The trees in my east-looking garden
          are bursting out with new twigs,
They try to stir new affection,

And men say the sun and moon keep on moving
          because they can't find a soft seat.

The birds flutter to rest in my tree,
          and I think I have heard them saying,
"It is not that there are no other men
But we like this fellow the best,
Yet however we long to speak
He cannot know of our sorrow."

III

Los árboles desde la vista Este de mi jardín
            estallan de nuevas ramas,
Tratan de despertar un nuevo afecto,

Y los hombres dicen que el sol y la luna siguen moviéndose
            porque no pueden encontrar un cómodo asiento.

Los pájaros revolotean para descansar en mi árbol,
            y creo que los he escuchado decir:
"No es que no haya otro hombre
Pero este es el que más nos gusta,
Aunque por mucho que deseemos hablar
Él no puede saber de nuestra pena".

停雲

靄靄停雲，濛濛時雨。
八表同昏，平路伊阻。
靜寄東軒，春醪獨撫。
良朋悠邈，搔首延佇。
停雲靄靄，時雨濛濛。
八表同昏，平陸成江。
有酒有酒，閑飲東窗。
願言懷人，舟車靡從。
東園之樹，枝條再榮。
競用新好，以怡余情。
人亦有言，日月於征。
安得促席，說彼平生。
翩翩飛鳥，息我庭柯。
斂翮閑止，好聲相和。
豈無他人，念子實多。
願言不獲，抱恨如何！

(Chino Original)

Colección Abracadabra

~

Nuevos Versos y Canciones,
Arthur RIMBAUD

Trad. Juan Arabia

~

Un Gin-meando...,
Dan FANTE

Trad. Juan Arabia

~

Defensa del ídolo,
Luis Omar CÁCERES

~

Lustra,
Ezra POUND

Trad. Juan Arabia

~

Exultations,
Ezra POUND

Trad. Juan Arabia

~

POESÍA BEAT

~

Rimas,
Guido CAVALCANTI

Trad. Jorge Aulicino

~

Poemas Escogidos + Manifiesto Feminista,
Mina LOY

Trad. Camila Evia

~

Cutty Sark (poesía Escogida)
Hart CRANE

Trad. Rodrigo Arriagada Zubieta

Octubre 2020
Impreso en Buenos Aires,

Buenos Aires Poetry
www.buenosairespoetry.com